AF224623

UN FRANÇAIS

A LORD STANHOPE,

OU

RÉFUTATION DE LA DIATRIBE

QUE CELUI-CI A PRONONCÉE A LA CHAMBRE DES PAIRS
D'ANGLETERRE.

CET OUVRAGE SE TROUVE AUSSI AU DÉPÔT

DE MA LIBRAIRIE,

Palais-Royal, galeries de bois, n°s 265 et 266.

On trouve chez le même Libraire:

LE FURETEUR, ou l'ANTI-MINERVE, avec cette épigraphe: *Je sors de l'ornière.* Chaque cahier se vend 1 fr. et 1 fr. 25 c. *franc de port.*

RÉPONSE de M. le lieutenant-général Canuel, à l'écrit intitulé: *Lyon en 1817, par le colonel Fabvier, ayant fait les fonctions de chef de l'état-major du lieutenant du Roi dans les 7e et 19e divisions militaires,* Prix: 1 fr. 25 c. et 1 fr. 50 c. *franc de port.*

UN FRANÇAIS

A LORD STANHOPE,

OU

RÉFUTATION DE LA DIATRIBE

QUE CELUI-CI A PRONONCÉE A LA CHAMBRE DES PAIRS
D'ANGLETERRE.

Des Chevaliers français, tel est le caractère.
VOLT., *Zaire.*

PAR LE MAJOR A. C****,

Auteur du *Précis de la guerre d'Espagne et de Portugal*,
du *Budget d'un sous-lieutenant*, etc.

PARIS,

J. G. DENTU, IMPRIMEUR-LIBRAIRE,
rue des Petits-Augustins, n° 5 (ancien hôtel de Persan).
1818.

RÉFUTATION

DE LA DIATRIBE

PRONONCÉE PAR LORD STANHOPE,

DANS LA CHAMBRE DES PAIRS D'ANGLETERRE.

Un noble lord a proposé dans la première chambre d'Angleterre, l'envahissement de la France par les troupes anglaises; il a proposé le partage de nos belles provinces; il n'a oublié ni les injures ni les outrages contre un peuple grand et courageux. A-t-il pu penser, a-t-il pu imaginer que le beau pays situé au milieu de l'Europe, arrosé par tant de fleuves, séparé par tant de barrières inexpugnables, défendu par tant de braves qui naguère étaient dans les camps, et qui n'ont déposé les armes qu'à la voix de leur Roi, pourrait être escamoté, comme un charlatan de Londres escamote une *orange* ? Le naturel de l'homme social est de s'instruire beaucoup plus par l'épreuve des maux que par la jouissance des biens. La raison qui s'endort dans la fortune, se réveille et s'aiguise dans le malheur : de même que les habitans des terres infertiles et incultes l'emportent sur ceux que la terre nourrit, pour ainsi dire, d'elle-même ; de même un peuple industrieux, brave et prudent, peut montrer à l'Europe qu'il n'est pas deshérité des vertus de ses ancêtres.

Quand une émigration des peuples du Nord vint ranger l'Angleterre sous de nouvelles lois, il y eut sans doute alors une confiscation ; nous ignorons si c'est de cette date que le noble pair tient ses titres ; nous ignorons si c'est depuis ce temps qu'il compte dans sa famille richesses et dignités. Mais, si par un hasard fort ordinaire à la jeunesse, il se trouve dans une situation fâcheuse et accablante, si l'héritage de ses pères est prêt à sortir de ses mains, nous le prions de porter ses vues hostiles sur une autre nation. Quoique malheureux et accablés *par le droit du plus fort,* nous ne le sommes pas assez pour nous laisser con-fisquer.

Le noble lord a sans doute pensé que nous descendions du fils puîné de *Sem :* il dit que la nation française est *abjecte.* Nous ne sommes pas assez versés dans *l'histoire du blason,* pour connaître l'ori-gine de lord Stanhope; mais ce que nous pouvons assurer, et nous ne serons pas démentis, c'est que toutes les généalogies sont très-obscures; celles des peuples ne sont pas mieux connues que celles des familles. Cependant, si nous en croyons la tradition des temps modernes, les Da-nois s'emparèrent du pays des *Anglès.* Ensuite Guillaume-le-Grand, duc de Normandie, fonda un nouvel ère; il de-vint roi de la nation qu'il subjugua. Pen-

dant nombre de siècles, le droit public
anglais fut semblable au nôtre ; pendant
nombre de siècles on ne se servit, dans les
actes et à la cour, que de la langue française. Or, comme le conquérant de l'Angleterre, le vainqueur d'Hastings, était
Français, fils d'un duc de Normandie
et d'une marchande de Caën ; or, comme
le sang français coulait dans les veines de
tous les guerriers qui l'aidèrent dans son
entreprise ; or, comme ils s'établirent dans
le pays, s'y marièrent, et que la plus
grande partie des nobles bretons descend
de cette souche, ne voilà-t-il pas nos
bons voisins d'outre-mer aussi et plus
abjects que nous ; ne voilà-t-il pas que le
noble lord partage notre abjection ?

Écoutons le noble pair : *La France
est le réceptacle de tous les vices, de tous
les crimes ; aucuns liens moraux, au-
cunes vertus ne distinguent ses habitans.*
Le crime et la vertu, n'en déplaise à
son excellence, sont fort anciens sur la
terre ; à la naissance de toutes les so-

ciétés, il y eut des germes de l'un et de l'autre; mais que la moisson des crimes et des vices appartiennent à une nation, et celle des vertus à une autre, c'est ce qui est évidemment faux. L'histoire d'Angleterre, depuis les sept rois jusqu'aux guerres civiles des Lancastre et des Yorck, ne nous montre-t-elle pas une série continuelle de crimes et de violence? Chaque révolution est constamment signalée par des assassinats horribles, que le parti vainqueur ne manque pas d'exercer contre le parti vaincu. Quel tableau effrayant! quel enchaînement de crimes atroces, de vices lâches et odieux! certes, l'*Histoire de France* est loin de présenter des détails aussi horribles. Si donc la sœur cadette n'est pas plus vicieuse que l'aînée, si, ainsi que je viens de le démontrer, elle est de la même famille, au lieu de la diffamer, au lieu de cette violation de principes, violation inconnue jusqu'à ce jour, réunissons nos efforts pour observer les traits de candeur et

d'aménité. Réunissons-nous pour déraci-
ner et détruire les abus politiques ; sur-
tout reconnaissons cet adage précieux :
« La vertu et la vérité se trouvent souvent
dans la vie privée ; mais le vice, le crime
et le mensonge, ne sont que trop souvent les bases d'une odieuse politique. »

Celui qui ne peut gérer sa fortune par-
ticulière, prétend gourmander les peuples
de l'Europe. Cet autre, à peine dans son
adolescence, insulte le malheur et la
vieillesse ; il craint, dit-il, qu'un homme
trop fameux ne puisse s'échapper de son
île, et attirer sur l'univers de nouvelles
calamités. Les grands crimes politiques
qui désolent les sociétés humaines, ont
toujours pour base spécieuse l'intérêt général : le prétexte commun de tous les
crimes publics est toujours le bien public
lui-même. On connaît peu les Français,
si on les croit capables d'oublier l'honneur national et l'amour de la patrie ;
mais pourquoi chercher des raisons fu-
tiles ? La France et l'Europe sont désa-

busées ; oui, celui qui achève sa vie dans l'exil, a perdu le prestige de la gloire.

« J'aime mieux, disait le bon La « Fontaine, un franc ennemi, qu'un ami « déloyal. » Lord Stanhope ne laisse pas le choix ; plein d'une irrascibilité révolutionnaire, c'est peu pour lui d'insulter grossièrement la nation française ; c'est peu de nous peindre comme des êtres vils, ingrats, abjects, couverts de fange et de vices ; il va encore chercher des crimes particuliers pour les opposer aux vertus en masse. Si nous en croyons le général Pillet, long-temps prisonnier en Angleterre, nos frères aînés ne sont pas si humains qu'ils veulent bien le dire : ainsi que chez nous, on trouve, parmi eux, candeur et droiture, crime et scélératesse. Si nous avons vu un crime atroce et horrible, les Anglais n'ont-ils pas vu aussi des bourreaux froidement scélérats, prêcher le meurtre et le pillage ?

Il règne une fermentation extraordinaire en France, dit le noble pair ; des troubles ont eu lieu dans plusieurs provinces. Puis il ne craint pas, au milieu de la noblesse assemblée, de professer des maximes contraires au droit des gens, d'attaquer l'auguste Monarque qui nous gouverne, et dont l'Europe entière admire la justice et la bonté. Pourquoi donc ce nouvel outrage à la majesté royale ? pourquoi donc ce nouvel appel aux passions haineuses ? Quoi ! dans le sénat anglais, sur la terre hospitalière qui vingt ans servit de refuge à la droiture et à la légitimité, il peut se trouver un homme qui cherche à briser les liens de la reconnaissance ? Voilà le fruit de tant de combats, et de tant de dévastations ! voilà où aura conduit le beau nom d'alliés ! Voilà l'insulte, l'outrage et la mauvaise foi remplaçant tout ce que l'histoire eut de grand et de magnanime ! Mais la fermentation qui règne en France n'existe-t-elle pas dans toute l'Europe ? L'Angle-

terre n'a-t-elle pas vu l'insurrection s'or-
ganiser au sein de sa capitale ? N'a-t-elle
pas vu de nouveaux révolutionnaires
marchant sur les traces des Marat, Ro-
bespierre, et de tout ce que la terre a
pu enfanter de monstres horribles ? L'*ha-
beas corpus* n'a-t-il pas été suspendu ?
La Prusse, malgré la sagesse de son Roi,
n'est-elle pas agitée par des dissentions
intestines ? La réunion de la Hollande à
la Belgique est-elle bien franche, bien
sincère ? un égal intérêt anime-t-il les
deux peuples ? L'Italie admire-t-elle les
vertus de François II, et les Italiens sont-
ils franchement allemands ? Enfin, Char-
les-Jean, proclamé roi de Suède et de
Norwège, ne craint-il pas le mécontenten-
tement d'un nouveau peuplé qui ne peut
être Suédois dans le cœur ? ne craint-il
pas le mécontentement de la noblesse
et le retour du fils des rois ? Si l'Europe
en armes s'examine ; si chaque peuple
regarde de près les démarches de son
voisin, n'appliquez plus à la France seule

l'exaspération qui règne dans les esprits; ou plutôt convenez de bonne foi qu'une nation grande, forte et magnanime, ne cessera jamais d'avoir les mêmes vertus. Le malheur donne du courage : un peuple qui aurait été subjugué plus par l'astuce que par la force, pourrait ne prendre conseil que de son désespoir; il pourrait réveiller son antique valeur, s'exercer à de nouveaux combats; tandis que ses vainqueurs s'endormiront dans la victoire. Un moment encore, et il reprendra l'attitude qui convient à sa fierté; il reprendra le rang qu'il doit occuper parmi les peuples de l'Europe. Tout ici bas n'est-il pas vicissitudes? La défaite ne suit-elle pas la victoire? Le fanatisme de la patrie, et l'amour de l'ordre ne peuvent-ils pas s'opposer à la rage de l'ambition? car, quel autre nom donner à ce que propose le noble lord? Ah! si cette ambition insatiable était jamais entendue, que de crimes couvriraient l'univers! La ruine, le meurtre, le pillage, l'incendie et de nouveaux flots de sang formeraient encore un torrent qui entraînerait les cadavres des infortunés habitans de ce malheureux hémisphère; et ce torrent de sang ne serait jamais épuisé! Voilà quels seraient les fruits de la confiscation! voilà quel serait le résultat du système *stanhopien.*

Rappelons-nous les paroles du ministre de la guerre à la Chambre des pairs : « Quel spectacle étonnant dans les « fastes des peuples! C'est presque au « milieu des nations étrangères, lorsque « les boulevards de la France sont occu- « pés par elles, qu'on voit la sagesse pré- « sider à ses conseils, et une armée sor- « tir, pour ainsi dire, des entrailles de la « terre! » Lorsque l'Europe entière applaudit à l'attitude que la France a su conserver; lorsqu'on voit l'opinion se prononcer hautement en faveur des lois qui émanent du trône réuni par un nouveau lien aux deux Chambres législatives, appartient-il à un jeune insensé de se pla-

cer entre la légitimité et l'opinion lui appartient-il de représenter une nation grande
et sublime comme un composé d'êtres
vils, abjects, et sans amour de la patrie?
Ah ! s'il est ainsi permis de profaner ce
qu'il y a de plus sacré ; s'il est permis de
monter à la tribune pour égarer ses con-
citoyens, le plus beau droit de l'espèce
humaine, celui de législateur prudent et
modéré cesserait d'avoir son prestige,
et la Chambre de la nation ne serait plus
qu'une arène où se déploieraient toutes
les passions.

Le règne de Louis XIV fut appelé le
siècle des beaux arts. Celui de Louis XV
fut celui de la philosophie (quelle philosophie, grand Dieu! où nous a-t-elle
conduit). Le nôtre est, dit-on, celui des
lumières ; et cependant c'est dans ce pré-
tendu siècle de lumières qu'on entend,
dans une nation policée, au milieu d'un
sénat auguste, un jeune homme de vingt-
deux à vingt-trois ans, insulter grossièrement tout un peuple. On l'entend vo-

ciférer des injures aussi mensongères qu'erronées sur notre situation. On l'entend calomnier la famille de nos Rois. On l'entend enfin attaquer les vétérans de la gloire, les guerriers sans peur et sans reproche qui, debouts, à la plainte de la patrie, ne demandent que lé vœu du Roi et du fer. Certes, les Anglais, braves et loyaux, savent nous rendre plus de justice. Certes, le général qui vint chercher la gloire et une réputation sur le terrain brûlant de l'Espagne, et qui doit à ses fatigues, à son opiniâtreté, à ses grands moyens au moment du danger, tout ce que la renommée publia de lui; certes, le général qui fit pâlir l'étoile de l'enfant chéri de la victoire, peut mieux que le noble lord rendre justice à la valeur et à l'intrépidité française. L'histoire nous apprend, dans ses pages sanglantes, que l'injustice attire l'injustice. La haine est payée par la haine, et la violence par la violence. Les passions, en excitant une action trop forte, excitent des passions contraires qui les arrêtent par une réaction opposée ; enfin , dans le monde moral comme dans le monde physique, le mouvement est entretenu par des forces qui se balancent et se contrarient ; mais avec cette terrible différence que, dans le monde physique l'opposition des forces n'y produit que l'harmonie constante et générale, au lieu que dans le monde moral, elle ne semble faite que pour y perpétuer le désordre, le crime, le meurtre et toutes ses horreurs. Des Français, des magistrats, des guerriers ont été enflammés d'indignation en lisant le discours du noble pair ; ils veulent, dit-on, venger l'honneur national outragé. Ce combat rappelle celui des Horaces et des Curiaces ; il ne peut avoir ce *grandiose* de patrie qui élève les ames et les rend meilleures. Il n'aura lieu qu'entre de simples particuliers ; cependant il y aura un certain air majestueux qui charme. On aime à retrouver les vertus primitives. On aime à voir le mot sacré de *patrie,*

échauffer et vivifier les cœurs. On aime
à voir l'honneur réclamer ses droits, la
vertu ses autels, la gloire ses titres, et la
nation sa majesté.

« La France a été conquise deux fois,
« dit lord Stanhope; il faut user indéfi-
« niment avec elle du droit de conquête.
« Les traités faits avec le roi de France
« n'ont rien qui nous lient. Ces traités
« ne sont qu'un moyen pour arriver à
« nos fins, à notre but secret; et ce but
« sera le démembrement de la France.
« Gardons-nous d'en faire part à nos alliés,
« ils ne sont déjà que trop puissans; res-
« tons seuls les arbitres et les détenteurs
« de la France; et pour ne rien innover,
« rétablissons les Gaules comme elles
« étaient au temps de Jules - César. »
Homme imprévoyant et aveugle, vous
appelez cela de la politique? Vous ne
connaissez donc pas plus le cœur humain
que l'histoire? Vous vous imaginez donc
que tous les peuples de l'Europe vont
voir tranquillement l'Angleterre prendre

une telle consistance territoriale? Comment avez-vous pu penser qu'elles laisseraient confisquer, à votre profit, trente millions d'habitans? Comment avez-vous pu croire que trente millions d'êtres raisonnables oublieraient de suite, à votre voix, leurs pénates, leur Roi et leur patrie? Comment avez-vous pu passer subitement de la crainte au mépris? Ne vous rappelez-vous plus toutes les coalitions que vous avez formées? Ne vous rappelez-vous plus l'or qui chez vous a été remplacé par du papier? Ne vous rappelez-vous plus à quel usage il vous servit? Ne sommes-nous pas les descendans de ces mêmes Francs, qui, subjugués, ne furent jamais vaincus. Si nous fûmes trompés par une apparition funeste, les champs de Waterloo fument encore. Ils attestent que sans le secours de vos alliés vous étiez défaits, et que vous ne serez jamais seuls les détenteurs de la France. Ne sommes-nous pas enfin les Français qui, ne désirant que le bien de notre pays, avons reconnu et admiré les vertus de l'héritier des Rois, et qui sauront faire maintenir les traités? Lorsque le roi Jean perdit la bataille de Poitiers, et qu'il tomba entre vos mains, il ne désespéra pas du salut de la patrie, et la France fut sauvée. Charles VII, chassé de la capitale, y rentra en vainqueur; et François Ier, prisonnier à Pavie, *perdit tout fors l'honneur*. Cependant les évènemens étaient-ils les mêmes? Vous n'avez pu le prétendre. Alors la guerre avait eu lieu pour des motifs connus; alors des manifestes avaient été envoyés; alors on se traitait en ennemis. Sommes-nous placés dans de pareilles circonstances, lorsque forçant la barrière que vous aviez vous-même établie, un homme, trop fameux par son caractère et par ses nombreuses victoires, vint donner une impulsion malheureuse à la France, et tromper ses infortunés habitans? Vous secourûtes le malheur et l'infortune: vous fûtes vainqueurs avec l'Europe; mais vous, ainsi que vos alliés,

vous vous présentâtes l'olivier à la main.
Un traité fut imposé ; les conditions en
sont remplies. Trois ans se sont écou-
lés ; et vous demandez le partage de la
France ! !! Sommes-nous donc en guerre
ouverte avec vous ? Préférez-vous le titre
d'ennemis astucieux, à celui d'alliés modérés et sages ? La bonté d'un Monarque,
père de ses sujets, et qui gémit des maux
qu'il ne causa pas, n'est-elle pas admi-
rée de vous ainsi que des peuples de
l'Europe ? Une defaite a pu nous abat-
tre, et non pas nous anéantir. Pourquoi
la modération ne cicatriserait - elle pas
nos blessures ? Cherchez à vous concilier
l'affection d'un grand peuple, au lieu de
vous attirer sa haine et son mépris. Vou-
driez-vous former une barrière éternelle
entre deux peuples rivaux qui s'esti-
ment, et qui, en dépit de tous vos so-
phismes, sont doués de vertus et de grandeur d'ame ? Votre injustice augmente-
rait notre force de la volonté énergique
de tous les Français ; votre modération ,

au contraire, vous acquérera de nouveaux amis. Au lieu de vous environner de victimes et de cadavres, au lieu de voir la postérité vous proclamer les bourreaux de l'Europe, vous pouvez vous saisir du seul empire qui résiste au temps, l'amour des cœurs; tandis que si vous suiviez votre politique astucieuse, vous vous donnerez des peines infinies pour attirer sur l'Europe et sur votre patrie, le fleau destructeur de la guerre et toutes ses calamités.

L'Angleterre en deuil vous redemanderait le sang de ses enfans : votre coupable projet attirerait sur votre pays une éternité de combats qui causeraient sa ruine, et replongeraient l'univers dans la barbarie.

Politiques profonds ! grands machinateurs de systèmes ! connaissez-vous le remède aux dissentions, à la fermentation que vous remarquez chez tous les peuples ? Il est entre vos mains ; soyez justes et modérés ; ne cherchez pas à accabler une nation énergique ; accordez-lui les vertus qu'eurent ses ancêtres ; laissez aux petites ames les petites vengeances ; n'imitez pas ces chimistes dangereux qui cherchent, dans les poisons de Locuste, des remèdes que la nature a confiés à de simples plantes.

La France, forte de son énergie, des vertus de ses habitans régénérés, conservera son intégrité territoriale ; ses voisins admireront sa constance dans l'infortune, sa grandeur dans l'adversité, et son courageux dévoûment.

Français ! ce langage n'est-il pas celui de toutes les classes, de tous les individus, de tous les partis ? ou plutôt tous cesseraient, ne formeraient qu'une seule masse défensive, s'il s'agissait de repousser une injuste agression, de défendre le Roi et la patrie, et de mourir Français !

FIN.

www.ingramcontent.com/pod-product-compliance
Lightning Source LLC
Chambersburg PA
CBHW061633050726

47595CB00007B/3195